AF266041

UNE
POLÉMIQUE

Nous aurons bientôt une presse mécanique et nous paraîtrons assez souvent pour
accueillir et discuter autant qu'il lui plaira
la prose du *Charentais* et celle de ses amis.
Notre bon confrère sait, par expérience, que
cette tâche, tout insipide qu'elle soit, ne
saurait nous effrayer.

L. Babaud-Laribière.

(Lettres charentaises, 12 novembre 1868.)

ANGOULÊME

IMPRIMERIE CHARENTAISE DE A. NADAUD ET Cie

REMPART DESAIX, 26.

M DCCC LXIX

AVIS.

Ceci est le recueil d'une polémique récente qui a fait un grand bruit dans nos contrées. Elle concerne M. Babaud-Laribière, ancien avocat, ancien commissaire de la République, ancien membre de l'Assemblée Constituante, et, à tous ces titres, homme important dans son parti. Mis à la réforme par les événements, M. Babaud s'est retiré sur les bords paisibles de la Vienne, dans le journalisme. Il ne faut pas dédaigner les petites feuilles, même les plus solitaires. Un moment, Paul-Louis Courier fit dans une petite commune de la Touraine le premier journal de France. Ce journal s'appelait la *Gazette du Village,* tout simplement.

Et M. Babaud rêvait le rôle de Courier. Nous avons lu dans une de ses professions de foi de 1848 que, tout jeune encore, « à peine au sortir de l'enfance, à seize ans, » il était déjà journaliste à Poitiers. Un petit prodige d'enfant. Sur le tard de sa vie, il est revenu à ses premières amours, comme Cincinnatus à ses chaumes. Les grands esprits ont toujours aimé à vieillir dans la gloire littéraire ; c'est celle dont les rameaux sont le plus verts et le plus durables. La polémique surtout a un attrait irrésistible pour les esprits ardents, pour les imaginations impétueuses. Tous les genres de littérature s'y peuvent produire, et un talent hors ligne y peut donner tous les tons, depuis le genre le plus élevé jusqu'au plus badin, depuis les notes graves de Tacite jusqu'aux notes stridentes de Beaumarchais.

M. Babaud-Laribière, qui est un homme d'ardeur et d'impétuosité, brûlait donc de mettre sa plume au vent. Il y a six mois environ, il annonçait qu'il allait se munir bientôt d'une presse mécanique et augmenter son journal, pour être en mesure de donner un libre champ à son humeur guerrière. De notre côté, bien résolu à soutenir l'assaut avec le courage du désespoir, nous fîmes face au premier semblant d'attaque ; mais chacun vit tout de suite que M. Babaud-Laribière ne nous jugeait pas assez digne de ses coups, et qu'il lui fallait un polémiste qu'il pût vaincre avec quelque gloire.

Le *Charentais* avait justement son affaire sous la main.

Il y eut un engagement très court, mais très mémo-
rable, qui excita un vif intérêt et dont on parlera
longtemps. Nous cédons aux désirs qui nous sont
exprimés de toutes parts en consacrant le souvenir
de ce combat sous une forme plus durable que les
feuilles volantes d'un journal.

H. GISCARD.

UNE POLÉMIQUE

Le décret d'amnistie que les journaux de Paris nous apportent ce matin est le fait le plus considérable de la semaine. M. le sous-préfet de Confolens avait reçu ce décret par dépêche le 15 au matin ; mais, comme d'habitude, il s'est empressé de ne pas le faire publier, pensant sans doute que les actes du souverain n'intéressent pas ses administrés. S'il se fût agi de quelque mesure de rigueur, on aurait probablement mis plus d'empressement à la faire connaître.....................

L. Babaud-Laribière.

(*Lettres charentaises*, 19 août 1869.)

Les renseignements qui nous sont parvenus de tous les points du département attestent que les décrets d'amnistie ont reçu partout le meilleur accueil..........
A Confolens, après le *Te Deum*, M. le sous-préfet Laferrière, ayant donné lecture publique du décret, sur le perron de la sous-préfecture, en présence des fonctionnaires réunis, de leur escorte et d'un public nombreux qui se pressait alentour, et ayant fait suivre cette lecture de quelques paroles de circonstance, les cris de : Vive l'Empereur ! ont retenti avec un en-

semble qui faisait bien voir combien l'acte du souverain éveillait de chaudes sympathies dans le cœur de tous.

Comme le journaliste de Confolens n'a pas l'habitude d'aller où l'on crie : Vive l'Empereur ! il n'est pas surprenant qu'il n'ait pas entendu les acclamations publiques, et qu'il ait mieux aimé affirmer, dans son numéro de ce jour, que le sous-préfet ne s'était pas empressé de *faire publier le décret*. C'est ainsi que ce journal écrit l'histoire !

(Le Charentais, 19 août 1869.)

Le *Charentais* prétend que nous écrivons mal l'histoire en disant que M. le sous-préfet Laferrière n'a pas fait publier le décret d'amnistie, le 15 août, à Confolens. Que ce fonctionnaire ait adressé une chaleureuse harangue aux *quatre* conseillers municipaux qui l'accompagnaient au *Te Deum*, c'est possible ; mais nous maintenons que le décret n'a pas été publié à son de trompe dans la ville, ni affiché le 15 août, comme on le fait quelquefois et comme on devrait le faire toujours pour les dépêches importantes.

Le *Charentais* ajoute que nous n'avons pas l'habitude d'aller où l'on crie : *Vive l'Empereur !* Le fait est exact, et nous convenons qu'on ne saurait faire un pareil reproche à notre confrère d'Angoulême, car on l'a vu crier : *Vive le Roi !* sous le règne de Louis-Philippe, *Vive la République !* et *Vive le Gouvernement provisoire !* en 1848, avec le même enthousiasme et la même énergie qu'il met à crier aujourd'hui : *Vive l'Empereur !*

L. Babaud-Laribière.

AU CITOYEN BABAUD-LARIBIÈRE.

Le dernier numéro d'un journal à peu près inconnu, qui s'appelle les *Lettres charentaises,* contient à notre adresse une note qui vise à la malignité. En disant que le journaliste de Confolens ne va pas où l'on crie : *Vive l'Empereur !* nous avons dit une chose juste, qu'il s'empresse de reconnaître lui-même. Or, tandis que nous lui avons rendu ce bon office, M. Babaud-Laribière essaie de nous faire un affront, en faisant remarquer « qu'il n'est pas comme le *Charentais,* qu'on a « vu crier : *Vive le Roi !* sous Louis-Philippe, *Vive la* « *République !* et *Vive le Gouvernement provisoire !* en « 1848, avec la même énergie qu'il met à crier au- « jourd'hui : *Vive l'Empereur !* »

Éclaircissons une fois pour toutes cette rengaîne qui agace comme un rire idiot. On a vu, dites-vous, le *Charentais* crier : *Vive le Roi !* sous Louis-Philippe ? Où et quel *Charentais ?* Par quelle voix criait-il : *Vive le Roi !* sous Louis-Philippe ? Est-ce par la voix de son directeur actuel qui était au collége ? Est-ce par la voix de celui de nos collaborateurs qui, six mois avant l'écroulement de la monarchie, portait dans un banquet politique un toast au *suffrage universel* et à la *souveraineté du peuple ?* Et moi qui suis ici depuis six semaines à peine une partie du *Charentais,* qu'est-ce que cela me fait que dans ses colonnes on ait crié, il y a vingt ans : *Vive le Roi !* ou *Vive la Ligue !* Devrais-je, par hasard, me croire obligé de le crier à mon tour ?

Pourquoi ne faites-vous pas remarquer que la préfecture d'Angoulême a aussi crié tour à tour : *Vivent les Bourbons! Vive la République!...* Qu'est-ce que cela prouve contre le préfet actuel ? Ne faudrait-il pas que M. Péconnet, pour mettre de l'harmonie dans les opinions de la *préfecture*, criât comme M. Babaud-Laribière, du matin au soir : « *Vive le Gouvernement provisoire* qui m'a fait commissaire ! et *Vivent les lampions !* » Un jour viendra peut-être où quelqu'un héritera de la feuille, de l'enseigne et du fauteuil du Solitaire de Villechaise, à moins que cet homme farouche n'exige que tout cela soit brûlé sur son bûcher, comme la *veuve du Malabar*. Or, supposez que ce successeur trouve bon d'exprimer des opinions différentes, sera-t-on bien spirituel d'accuser les *Lettres charentaises* de changer d'opinion ?

Non, n'est-ce pas?

Une enseigne n'est pas une idée, un fauteuil n'est pas une opinion.

Tout est de la même force et de la même bonne foi dans ce petit papier de Confolens, produit d'un esprit sénile, qui eut, dit-on, autrefois, quelque vigueur. Et, puisque nous y sommes, une fois n'est pas coutume, allons jusqu'au bout, voyons l'origine même de cet incident et réglons un assez long arriéré.

M. le sous-préfet de Confolens, au gré de M. Babaud, n'a pas mis assez d'empressement à publier à son de trompe et à afficher le décret d'amnistie.

Voilà le grief, voilà la grande affaire dont la France est avertie dans l'intérêt de la politique, du commerce, de l'agriculture et du bonheur des Français ! C'est uniquement pour ce genre d'études, pour cette spécialité de polémiques que l'ancien compagnon de Pelletier, le cuisinier de Lyon, à la Constituante, a établi un journal dans son canton ! Le pays l'a dû apprendre avec stupeur : *Le sous-préfet de Confolens n'a pas publié l'amnistie à son de trompe !* Et après ? Qu'est-ce que cela vous fait, à vous, d'abord ? En quoi cela vous touche-t-il ? L'amnistie n'étant pour vous qu'une mauvaise nouvelle, pouvez-vous vous plaindre qu'on ne vous l'ait pas annoncée assez tôt ? Qui peut avoir à reprendre le sous-préfet de Confolens, si ce n'est le gouvernement, qui a intérêt à faire publier le plus haut possible les actes qui l'honorent ? Etes-vous chargé de faire la police du gouvernement dans votre canton ? Sont-ce les administrés qui ont été lésés parce que le sous-préfet ne s'est pas levé à quatre heures du matin pour leur proclamer l'événement ? Ah ! quelles belles épigrammes vous eût suggérées ce zèle matinal, monsieur, si vous aviez eu par hasard de l'esprit ce jour-là ! Et enfin où voulez-vous en venir ? Quelqu'un a-t-il ignoré l'amnistie ? Le sous-préfet a-t-il mis le soleil dans sa poche ? Quelque martyr de la police correctionnelle a-t-il langui cinq minutes de plus, en fumant sa pipe, « sur la paille humide des cachots de Confolens ? »

Voilà les niaiseries qui composent le fond et la trame ordinaire de ce petit papier hargneux, personnel, tracassier et envieux, où M. Babaud cuve son vinaigre, et il n'est guère de numéro où le *Charentais* ne soit mordillé par quelque bout, et sollicité, provoqué à la discussion sur quelque baliverne de la même étoffe.

Nous n'avons pas le temps, cher monsieur. Chacun son affaire : continuez votre besogne, restez dans vos broussailles, guerroyez contre les gardes champêtres, les cantonniers, les pompiers et les gendarmes, cela n'a pour nous aucune importance. Vos quatre abonnés y trouvent le bonheur ; nous serions au désespoir de les troubler.

Poursuivez votre tâche !

Soyez intrépide et fidèle ! Aimez avec constance les beaux jours des 45 centimes, du 15 mai, de juin, du citoyen Greppo et de la Sociale. Que vainement l'opinion de vos concitoyens évolue vers d'autres croyances et vous laisse seul à ce culte grotesque ! Demeurez convaincu que vous êtes la sagesse et la justice et la lumière en personne. Ne changez pas d'opinion ! Continuez, pareil aux derviches tourneurs, d'adorer votre nombril ,

> Et comme du fumier regardez tout le monde.

Gardez, gardez avec zèle et avec courage la sainte conviction que le seul gouvernement digne de la France est celui qui orna votre échine des galons de fonctionnaire public. Elle vous honore; c'est la conviction d'un grand cœur. Soignez-la, cultivez-la sans relâche, avec un amour infatigable, monsieur, et moquez-vous de Lamennais, qui était un sot quand il écrivait que « ceux qui annoncent la prétention d'être « invariables ont trop de foi dans leur imbécillité, « et que l'idiotisme humain, même soigné et cultivé « sans relâche, avec un infatigable amour, ne saurait « atteindre cette perfection idéale (1). »

Moquez-vous de Victor Hugo, votre maître, qui prétend que le plus mauvais éloge qu'on puisse faire d'un homme est de constater qu'il n'a point changé d'opinion. « C'est dire, ajoute-t-il, qu'il n'y a pour cet « homme ni observation ni retour de la pensée vers « les faits... C'est *préférer l'huître à l'aigle;* c'est louer « une eau d'être stagnante, un champ d'être stérile, « un arbre d'être mort (2). »

---

(1) Lamennais : *Préface des Troisièmes mélanges.*
(2) Victor Hugo : *Littérature et philosophie mêlées.*

Mais Victor Hugo nous la baille belle avec ses aigles ! Les huîtres, n'est-il pas vrai, monsieur, ont aussi leur utilité pour ceux qui les aiment?

Nous, monsieur, nous changerons, s'il plaît à Dieu, de toutes les forces de notre raison et de notre conscience, tant qu'il sera dit et malheureusement prouvé que l'homme est faillible et que la vie n'est qu'un voyage à la recherche de la vérité. Voilà quels soins réclament toutes nos veilles. Les discussions qui se traitent ici appartiennent à l'histoire, à la philosophie, à la politique. Notre unique souci est de suivre le mouvement de notre temps, de chercher avec ardeur des voies nouvelles et d'élever notre esprit vers de plus larges horizons, dussions-nous y périr nous-même avec nos illusions les plus intimes et nos affections les plus chères. Voilà notre chemin ! Si vous vous sentez des ailes, faites qu'on les voie, suivez-nous et sortez de la catégorie des Ruminants.

H. GISCARD.

(*Le Charentais*, 27 août 1868.)

Plusieurs de mes amis se sont émus d'une diatribe publiée contre moi dans le *Charentais* du 27 août. Je les remercie des nombreux témoignages d'affection qu'ils m'ont adressés dans cette circonstance, mais je regrette qu'ils ne se soient pas montrés aussi indifférents à ces grossières injures que je le suis moi-même.

Rire idiot, esprit sénile, hargneux, personnel, tracassier et envieux, huître, fumier et ruminant, voilà les termes charmants dont le discours de notre grand confrère est émaillé. J'ai peu de goût, je l'avoue, pour ce genre de littérature, et dût le

Charentais me prouver, à grand renfort de citations, que Victor Hugo et Lamennais conseillent de l'adopter, je suis bien résolu sur ce point, comme sur les autres, à ne pas changer d'opinion. Je reconnais qu'il ne faudrait pas remonter bien haut dans la collection du *Charentais* pour constater qu'il n'est pas du même avis, et ce serait même une histoire assez réjouissante à faire que celle des divers genres de polémique pratiqués dans ce journal par les rédacteurs qui s'y succèdent à peu près tous les six mois, et qui emportent un si bon souvenir de son hospitalité, témoin M. Gruson. Je fus à une autre époque insulté à brûle-pourpoint dans le *Charentais* par M. Lomon, devenu depuis rédacteur du *Pays* sous la direction de M. Granier de Cassagnac. La polémique courtoise d'un homme d'esprit, M. Matagrin, m'avait fait oublier ces grossièretés: mais je vois bien aujourd'hui que le journal d'Angoulême tient à justifier sa théorie sur les changements de conduite, puisque je retrouve M. Lomon, moins le talent toutefois, sous la plume de M. H. Giscard.

Ce monsieur affecte de m'appeler CITOYEN. et en cela il se trompe fort s'il croit me déplaire, car mon plus grand désir est de devenir citoyen d'un pays libre, ce qui ne tardera pas, j'espère. Ce jour venu, — Dieu veuille que ce soit demain! — le *Charentais* s'empressera, comme d'habitude, de changer d'opinion, selon le vent qui souffle et la volonté qui gouverne.

Pour nous, ne lui en déplaise, qui aurions pu, avec la moindre souplesse dans l'échine (le mot est encore de M. Giscard), obtenir facilement, si nous l'avions voulu, les galons et les places auxquels il fait allusion, nous « resterons dans nos « broussailles, guerroyant contre les gardes champêtres, les « cantonniers, les pompiers et les gendarmes, » voire même les sous-préfets, car il n'y a pas de tyrannie plus détestable que celle des petits. C'est une tâche moins séduisante sans doute que celle entreprise par M. Giscard, « cherchant des « voies nouvelles et élevant son esprit vers de plus larges « horizons, dût-il y périr avec ses illusions les plus intimes et « ses affections les plus chères.... » Ouf!!!... je suis plus modeste, et à ce monsieur qui me range si courtoisement dans

la catégorie des Ruminants et qui paraît aimer si fort les citations, je dirai avec Jean-Jacques Rousseau : « Plus bête que
« l'âne de la fable, je continuerai à m'inquiéter beaucoup
« pour savoir de quel maître j'aurai l'honneur de porter le
« bât. »

Je demande pardon à mes *quatre* abonnés si spirituellement
comptés par M. Giscard, de m'être trop longtemps arrêté sur
de pareils procédés de polémique, qui n'inspirent que dégoût
et ne méritent que mépris.

L. BABAUD-LARIBIÈRE.

(*Lettres charentaises,* 3 septembre 1869)

M. Babaud-Laribière, n'ayant pas assez de sa
semaine, a pris vingt-quatre heures de plus et a retardé
ainsi la publication de sa feuille pour essayer de ré-
pliquer à notre article du 27 août.

Avec la meilleure volonté du monde, nous ne décou-
vrons dans le factum de M. Babaud que des personnalités fort inattendues, relatives à MM. Gruson, Matagrin, Lomon, etc..., qui n'ont absolument rien de
commun avec le débat, une fugue calculée devant
toute discussion sérieuse et des procédés de polémique
puérils ou grossiers qui ne méritent pas l'honneur
d'une réponse.

H. GISCARD.

(*Le Charentais,* 3 septembre 1869.)

A M. H. GISCARD.

Nazelles-Clérac, 4 septembre.

Je reçois ce matin, à la campagne, le *Charentais* d'hier au soir, et en même temps je prends connaissance du journal de M. Babaud auquel vous ne croyez pas devoir faire de réponse. J'apprécie la générosité qui vous porte à ne pas vous acharner sur un ennemi abattu. Cependant, tout n'est pas dit, ce me semble. Dans votre article très remarquable et très remarqué des gens d'esprit, vous avez su emprunter à de piquantes citations de Molière, de Victor Hugo et de Lamennais, les mots les plus cruels de votre polémique, et les fins connaisseurs ont apprécié ce tour si littéraire et si délicat. Et vous avez, en même temps, lié à des personnalités inévitables et cent fois provoquées plusieurs thèses d'histoire, de politique, de morale et de philosophie.

Elles méritaient de la part de M. Babaud-Laribière une sollicitude aussi sérieuse que celle qu'il prodigue à tant de questions moins dignes de son esprit et de son talent. Il les a négligées, mais nos lecteurs ne les oublient pas, et je sais que cette discussion était attendue avec le plus vif intérêt. M. Babaud-Laribière ne l'aborde-t-il point parce qu'il s'est mis assez maladroitement avec vous sur un tel pied qu'il lui serait difficile de conserver son sang-froid et sa présence d'esprit ?

Quelques personnes semblent le croire, aussi ai-je le dessein de reprendre ici même ce débat où il en est resté. Ma plume mettra M. Babaud-Laribière plus à l'aise. Les personnalités sont maintenant écartées ; il n'en saurait être question entre nous, et l'honorable législateur de 1848, devenu notre confrère, sera, je n'en doute pas, très heureux que je lui offre galamment l'occasion de changer de terrain et de se relever de sa médiocrité de polémiste par une discussion de publiciste et de penseur.

Toutefois, je n'oublie pas, mon cher Giscard, que les règles d'une bonne confraternité ne me permettent pas d'intervenir sans votre consentement dans une polémique qui vous appartient.

Votre ami dévoué,

ULYSSE PIC.

Nous cédons volontiers la plume à M. Ulysse Pic, et nous passerons avec empressement au rang des spectateurs.

H. G.

(*Le Charentais*, 4 septembre 1869.)

M. le préfet de la Charente nous adresse la collection de ses rapports au conseil général. Nous venons de les parcourir à la hâte et nous nous proposons d'y puiser une foule de renseignements utiles à publier ; mais nous voulons tout d'abord remercier M. le préfet de cette *gracieuse* communication. Elle nous prouve que, contrairement à l'avis du *Charentais*, le premier magistrat du département tient en quelque estime l'opinion et la publicité des *Lettres charentaises*, et c'est de la

3

part de M. Péconnet, auquel nous n'avons jamais ménagé ni
les critiques ni les éloges que mérite son administration, un
acte de bon goût envers un journal de l'opposition, dont il
faut lui savoir gré. Cette liasse contient cinquante-cinq rapports
sur les principales affaires soumises au conseil général dans
la session actuelle. Ils nous seront fort utiles pour un travail
d'ensemble que nous voulons faire sur l'administration géné-
rale du département (1).

L. Babaud-Laribière.

(*Lettres charentaises*, 3 septembre 1869.)

A. M. BABAUD-LARIBIÈRE.

Nazelles-Clérac, 6 septembre.

Monsieur,

Des motifs dont vous apprécierez, je l'espère, la
loyauté et la convenance, m'amènent, un peu à mon
corps défendant, je l'avoue, à intervenir dans le débat
survenu entre vous et le *Charentais*. L'incident qui a
donné lieu à ce débat est bien connu de nos lecteurs,
mais il est moins connu des vôtres, et ceci est la première observation que je prendrai la liberté de vous
adresser ; elle nous servira à établir d'abord les règles
principales de toute polémique entre gens qui se respectent et qui respectent le public.

---

(1) Cette note, quoique étrangère au fond de la discussion, doit être lue
pour l'intelligence de la réponse qui suit.

Je n'ai pas la prétention de vous les apprendre, monsieur, vous les connaissez aussi bien que moi-même ; mais permettez-moi de vous faire remarquer qu'à l'égard de mon ami M. Giscard, vous les avez oubliées. Est-ce que le sujet vous a paru peu important ? Vous auriez tort de croire qu'un sujet auquel vous êtes mêlé puisse jamais avoir peu d'importance.

L'article que M. Giscard vous a consacré a été, de votre part, l'objet d'une réplique qui laisse complétement ignorer d'abord le point de départ de la discussion. Il semblerait, à lire votre journal, que notre confrère M. Giscard, sans rime ni raison, embusqué derrière une énorme écritoire, et se ruant tout à coup sur vous, se soit livré contre votre personne à tous les sévices du vocabulaire, en vous appelant *rire idiot, esprit sénile, hargneux, personnel, tracassier, envieux, huître, fumier* et *ruminant*, tandis que vous vous désaltériez paisiblement « dans le courant d'une onde pure. » De sorte qu'à l'heure qu'il est, ceux de vos lecteurs qui ne lisent pas le *Charentais* et qui ignorent la gravité de l'injure qu'il a trouvée sous votre plume, s'indignent de cette agression inexplicable et *commandée sans doute par le gouvernement...* Voilà évidemment, monsieur, l'effet que, volontairement ou non, vous avez produit, et cela à l'aide d'un procédé littéraire qui consiste à isoler les mots des idées qu'ils concourent à exprimer, à en dénaturer le sens relatif, à feindre de prendre au figuré ce qui est au propre, et au propre ce qui est au figuré, à présenter ce qui n'est qu'une comparaison comme une assimilation, et comme une similitude ce qui n'est qu'une analogie ; en un mot, à falsifier complétement le texte qu'on paraît reproduire.

M. Giscard avait dit : « Allez, monsieur, continuez !...

demeurez convaincu que vous êtes la justice et la lumière en personne...

« Et comme du fumier regardez tout le monde. »

C'est un vers de Molière. C'est le mot de Dorine sur Tartufe qui regardait tout le monde comme du *fumier*... Et vous prenez texte de là pour publier qu'on vous appelle « *fumier !* » M. Giscard vous avait dit : « Vous, monsieur, qui ne voulez point qu'on change d'opinion, vous aurez à vous arranger avec Victor Hugo, votre maître, qui assure que « louer un homme de ne point changer d'opinion, c'est préférer l'*huître* à l'aigle. » Vous supprimez Victor Hugo et vous donnez à entendre qu'on est venu vous dire brutalement : « Monsieur, vous êtes une huître ! » et, par ce tour adroit, vous faites paraître les traits les plus littéraires et les plus classiques comme des ordures produites et combinées exprès pour vous traiter comme un goujat.

Eh bien ! monsieur, je n'ai qu'à prendre votre propre article, à vous, et, en le soumettant au facile procédé même dont vous avez usé avec M. Giscard, voici le compte-rendu que j'en vais faire :

« M. Babaud-Laribière vient de répondre à M. Giscard en un factum où il est question de M. Gruson, de M. Matagrin, de M. Lomon, de M. de Cassagnac, de tout enfin, excepté de la question. Ce monsieur Babaud (je dis *ce monsieur Babaud* comme vous dites *ce monsieur Giscard*) se livre à des insolences de la dernière grossièreté, telles que *dégoût* et *mépris,* qui sont des expressions qu'on n'emploie que lorsqu'on est décidé à amener la discussion sur un autre terrain, et enfin il convient, en finissant, qu'il est en somme « plus bête qu'un âne. »

Ce sont ses expressions mêmes que nous citons textuellement. La discussion est finie du moment que ce monsieur se rend enfin cette justice. »

Comment trouvez-vous le morceau ? N'est-il pas vrai que vous avez parlé de M. Matagrin, cherché à mettre quelque chose d'injurieux pour nous sous le nom de M. Gruson, cité M. Lomon avec une intention blessante, employé les mots de « dégoût et de mépris, » qui ne peuvent conduire les polémiques qu'à des coups d'épée ? N'est-il pas vrai, enfin, que vous avez cité, en vous l'appropriant, un texte de Jean-Jacques où il est dit : « Plus bête que l'âne de la fable, je continuerai à m'inquiéter beaucoup, etc. » Tout cela est dans votre réponse, et cependant ceci est-il une façon spirituelle et honnête de l'accommoder pour la présenter au lecteur ? Est-il loyal de vous faire paraître comme un homme déterminé à mener les polémiques sur le terrain ? A-t-on sous les yeux, par ce compte-rendu, la véritable mesure dans laquelle vous parlez des gens ? Est-il exact que vous ayez voulu vous comparer à un âne ?

Non, n'est-ce pas ?

C'est donc là une polémique à reprendre entièrement. Le point de départ est facile à retrouver : vous crûtes devoir faire à M. le sous-préfet de Confolens le reproche railleur de n'avoir point publié l'amnistie à son de trompe et assez chaudement. On vous répondit à cet égard qu'elle avait été publiée à l'heure convenable et aux cris de : *Vive l'Empereur !* mais que n'allant point aux lieux où ces choses-là se font entendre, il n'était pas surprenant que vous ne les eussiez pas entendues. Vous répliquâtes qu'en effet, dire cela c'était vous rendre justice, et vous eûtes l'idée d'ajouter que vous n'étiez pas « comme *le Charentais,* qu'on a vu crier : *Vive le Roi !* sous Louis-Philippe, *Vive la République !* et *Vive le Gouvernement provisoire !* en 1848, avec la même énergie qu'il met aujourd'hui à crier : *Vive l'Empereur !* » Mot fâcheux, monsieur, répété par vous vingt fois, sous toutes les formes, avec une intention blessante, visant à faire entendre, disons les choses comme elles sont, que le *Charentais* est peu scrupuleux en matière d'opinions, et même quelque chose de plus que je ne dirai point pour ne rien envenimer. Or, il y a chez nous un jeune homme, Giscard, mon ami, qui se sent libre comme un honnête homme le doit être, et qui a même le privilége d'avoir assez peu vécu pour n'avoir pas à refaire ses croyances. Il ne put se résoudre à votre affront, et, vertement sans doute, mais justement aussi, il vous reprit, monsieur ; il vous fit une argumentation à laquelle vous n'avez pas répondu un mot, et vous avez fait plus : sans aucune raison nouvelle et malgré un démenti que vous n'avez point su relever, résolu à recommencer votre injure en l'aggravant de plus belle, vous avez insisté, vous avez écrit que « le jour où la France serait un pays libre, le *Charentais* s'empressera, *comme d'habitude,* de changer d'opinion, selon le vent qui souffle et la volonté qui gouverne. » Ceci n'est pas simplement une injure pour le passé, mais en quelque sorte une injure pour l'avenir. Ce n'est plus un fait matériel que vous articulez, mais une appréciation injurieuse du caractère, des sentiments, de la conscience des hommes du *Charentais*. Or, c'est là un outrage, monsieur, le plus grave que puissent recevoir des hommes de cœur. Non pas, on vous l'a dit, qu'aucun de nous se tienne pour offensé qu'on croie qu'il a changé ou qu'il changera, mais à cause du mobile que vous imputez insidieusement aux changements accomplis et aux changements possibles, et de vos expressions qui sont passées en usage pour qualifier les changements intéressés et honteux. Voilà de quoi, monsieur, il est nécessaire que vous nous donniez une raison, poliment et honnêtement. Il ne peut pas nous convenir de rester sous le coup de votre affront ; il est indispensable que vous expliquiez votre pensée à l'égard des observations qu'on vous a faites pour vous démontrer que vous établissiez une confusion perfide entre le *Charentais*, lequel est un mobilier et une enseigne, choses essentiellement marchandes de leur nature, et les hommes du *Charentais*, qui ne se sont jamais vendus, monsieur, qui ne se vendent pas et qui ne sont pas à vendre. Nous ne pouvons pas souffrir absolument que vous persistiez dans votre méprise à cet égard.

Voilà pour le fait matériel qui a provoqué la polémique où M. Giscard, je suis forcé de le reconnaître, monsieur, vous a traité bien cruellement. Ce fait vidé, il reste un point de vue philosophique d'un plus vif intérêt pour tout le monde : pour la jeunesse qui entre dans la vie avec ses illusions naturelles, et pour les hommes mûrs qui se sentent portés par l'expérience et par l'étude à refaire leurs opinions. Une saine philosophie doit-elle enseigner aux jeunes que les opinions auxquelles leur âge les entraîne sont celles dont ils ne devront jamais sortir, une fois qu'ils y seront entrés ?

Les autres, par cette raison même, doivent-ils être criminels s'ils suivent le conseil de leur conscience qui leur montre la vérité dans une voie inverse de celle qu'ils ont suivie jusqu'alors ? Lorsque tout change, se transforme, se régénère, et que l'histoire ne fait qu'attester la faillibilité de la raison humaine, l'esprit de l'homme doit-il donc se condamner à l'immobilité ? Pourquoi ? Quel intérêt scientifique, politique, social, philosophique, en un mot, peut conseiller une semblable doctrine? Quelle paix et quelle conciliation pourraient sortir d'une théorie qui condamne les partis à demeurer toujours debout et irréconciliables, la main sur la détente de leurs fusils? Pourquoi la discussion? Pourquoi l'écriture, le journal, la parole, s'il est de règle que le Guelfe doive toujours rester Guelfe, et le Gibelin, Gibelin? Telle est, monsieur, dégagée, comme vous le voyez, de toute personnalité, la discussion élevée, féconde et plus que jamais opportune à laquelle j'ai l'honneur de vous convier.

J'aurai l'honneur de vous y suivre, monsieur, avec toute la déférence que je dois à un publiciste de votre mérite. M. Giscard veut bien me céder la plume, je la prends comme une arme de conciliation et de paix. Entre vous et moi, monsieur, il n'y a aucune cause d'aigreur et d'hostilité; nous n'eûmes jamais de querelle personnelle, et je crois même que nous nous sommes rencontrés autrefois à la *Feuille du Peuple,* du temps de mon ami Flocon. Il y a vingt ans de cela. Nous avons cheminé depuis par des sentiers contraires, et voici que nous nous rencontrons de nouveau, journalistes tous deux, moi fidèle à ma vocation qui est la seule chose qui n'ait pas changé en moi, vous, monsieur, bien au-dessous de la vôtre qui vous portait vers le pouvoir et vers les grandeurs. Je vois même qu'ayant été puissant, vous n'avez pas perdu le souvenir du respect qu'on doit à la puissance. Je le vois en cet article de votre journal où vous montrez combien vous savez ressentir vous-même, quand on vous honore, la reconnaissance et l'humilité qui vous étaient dues quand vous étiez en état d'honorer autrui.

Qui n'a remarqué la respectueuse émotion avec la-

quelle vous avez reçu la liasse que M. le préfet vous a
envoyée ! Comme on vous voit touché que le premier
magistrat du département daigne vous tenir en « quelque estime » et vous envoyer la liasse gracieusement !
Comme on sent bien qu'elle soulage votre cœur et
qu'elle vous venge de Giscard et de ses métaphores !
La comtesse de Pimbêche ne voulait pas « être liée ; »
mais vous, monsieur, comme vous tendez les mains à
la liasse, et comme on voit qu'elle est un des plus beaux
jours de votre vie !

J'aime à croire que mon ami M. Giscard, lorsqu'il a
osé vous traiter si légèrement, ne savait pas que vous
eussiez reçu la liasse. Après cela, ce jeune homme est
si irrévérencieux de son naturel, qu'il est bien capable
de ne pas comprendre cet honneur comme il le faudrait. Cependant, je ne néglige rien pour le former ;
je l'emmène tous les matins faire neuf saluts devant la
préfecture : trois au midi, trois à l'est, trois à l'ouest.
Du côté du nord, il y a des bâtiments qui gênent, ce
qui la prive de trois saluts, mais la douzaine n'est
de rigueur que pour les préfectures de première
classe.

Ah ! monsieur, soyez-en sûr, nous pouvons discuter
ensemble. On me connaît, on sait que j'honore les puis-
sances, on dit même que je les sers. Il n'est pas possible que vous doutiez que je sois prêt à vous montrer
toute la courtoisie qu'on doit à un homme que M. le
préfet daigne estimer si gracieusement, qu'il a jugé
digne de recevoir une liasse, et à qui elle inspire de
tels sentiments.

Ulysse Pic.

(Le Charentais, 6 septembre 1869.)

LE DISCOURS DE M. SAINTE-BEUVE

A M. BABAUD-LARIBIÈRE

Nazelles-Clérac, 8 septembre 1869.

Monsieur,

Voici un nouveau sujet dont nous pourrions, je crois, utilement nous entretenir ensemble, pour nous-mêmes et pour le public. Vous n'êtes pas sans avoir remarqué que je publie ici, une fois par semaine, des articles très étudiés sur la Décentralisation. Le mercredi est le jour ordinairement consacré à ces études, que je rattache, autant qu'elles peuvent s'y rapporter, à quelque incident de la politique courante. Une élucubration toute récente de M. Sainte-Beuve, elle est d'hier, se lie, selon moi, à cette question et fournit à ma thèse un argument du plus vif intérêt, que vous n'apercevrez peut-être pas tout de suite, mais qui s'y montrera aisément, si vous voulez bien me prêter votre attention jusqu'à la fin.

Vous savez, monsieur, que M. Sainte-Beuve se trouvant empêché par sa santé d'aller prendre part à la discussion du Sénat, a tout uniment, par un procédé assez original, envoyé son discours à un journaliste, de telle sorte, soit dit en passant, que si quelqu'un de ses collègues désirait lui répondre, la tribune du Sénat se trouverait ainsi transportée dans les journaux,

et peut-être le public finirait-il par trouver que l'un ou l'autre est inutile.

M. Sainte-Beuve, vous le savez, monsieur, approuve beaucoup tous les nouveaux changements; il les voudrait même plus complets; il trouverait bon et utile que le gouvernement livrât tout d'un coup le terrain ; il croit que ce serait là le seul moyen « de *confondre* et de *noyer* adversaires et ennemis. »

Cet honorable littérateur et sénateur, qui s'entend mieux aux ruelles littéraires de l'hôtel de Rambouillet qu'aux combinaisons de la politique, il en convient du reste, raconte comment, depuis une quinzaine d'années, le gouvernement, selon lui, s'est complétement fourvoyé et a faussé compagnie à toutes les bonnes idées qui auraient pu satisfaire ou apaiser l'opposition.

Il y a, à Paris, une catégorie de jeunes gens primitivement destinés par leurs familles à la droguerie, à la chapellerie, aux nouveautés, qui trouvent plus conforme à leur vocation de ne rien faire et de s'établir, dans les estaminets, aspirants littérateurs et aspirants politiques. M. Sainte-Beuve aurait voulu que le gouvernement eût exercé une action « sur la température morale de ce milieu si intéressant. » Il avait à ce sujet des idées personnelles qu'il n'a jamais su à qui confier. La principale était la création d'un grand journal et d'une grande revue largement subventionnés, où cette jeunesse aurait trouvé l'écoulement de ses produits. Honnête M. Sainte-Beuve, qui ne semble même pas se douter que le jour où le gouvernement aurait créé une œuvre pareille et appelé ces jeunes gens à lui par l'appât du placement facile et lucratif de leurs élucubrations, l'opposition aurait signalé ce journal et cette revue comme des officines

gouvernementales, des noviciats de corruption, des
écoles de flagornerie, des pépinières de police. Est-ce
que jamais on pourra écrire dans un journal qui tou-
che de quelque manière au gouvernement, sans être
un vil adulateur, un mouchard, etc. ?

M. Sainte-Beuve, dans son zèle, avait considéré que
la jeunesse des écoles était d'humeur récalcitrante
et rebelle, et qu'à « trois cents pas du Louvre, » au
quartier latin, l'autorité « ne régnait pas. » Il aurait voulu qu'on fît aussi quelque chose pour cette
« fraction de l'opinion. » Il ne dit point quoi : siffler
plus à l'aise aux cours publics, assommer les sergents
de ville, rosser le guet, enfin les priviléges du temps
de Roscelin et de Champeaux. Est-ce cela ?

Plusieurs autres remarques de M. Sainte-Beuve n'é-
taient pas moins importantes, qu'il regrette qu'on n'ait
pas écoutées. Il paraît que plus d'une fois, montrant
à des hommes d'État « des courants cachés persistants »
d'opinion, il avait dit : « Mais, prenez garde ! vous
n'avez rien gagné auprès des hommes considérables
du passé ; et ces hommes, tout *évincés* et *déchus* qu'ils
sont, ont encore leur clientèle ; ils recrutent encore
des partisans : vous avez contre vous, et d'une façon
si déclarée qu'on n'y peut fermer les yeux, vous avez
contre vous l'Académie française ! » Il faisait observer
qu'on avait aussi contre soi l'Institut presque tout entier ; il disait cela comme lui seul sait dire les choses :
« Prenez garde ! l'Institut tout entier *tourne* et *s'aigrit*
contre vous ! » et enfin il signalait « un grand nombre
de gens d'esprit qui sortaient à chaque instant de terre,
dont quelques-uns sortaient même de l'Université, non
sans y avoir essuyé des hauteurs et des refus (de tels ou
tels ministres), et qui, *armés* désormais *en guerre,* ne
laissent au gouvernement ni paix ni trève ! » « Et

voilà, ajoute M. Sainte-Beuve, voilà comment de dédain en dédain, de *négligence en négligence,* quand on
avait le plus beau jeu qu'ait tenu en main pouvoir
public, on a fini par perdre la partie au premier tour,
car on est au second; voilà comment (ceci s'adresse
toujours au gouvernement) du *mépris* de toutes ces
fractions de l'opinion, d'abord isolées entre elles, et
de leur addition ensuite, de leur *union subite* qui s'est
trouvée faite un jour contre vous, voilà comment il
est sorti un total inattendu; voilà comment *l'opinion
s'est réveillée;* comment, à travers toutes les difficultés
et les obstacles d'élections si tiraillées, si travaillées
administrativement, elle s'est fait jour jusqu'à pouvoir
vous atteindre et s'imposer à vous ! »

Jamais encore on n'avait démontré, avec une clair-
voyance plus sûre et une sincérité plus débonnaire,
les véritables éléments de l'opposition, ou, pour parler
plus exactement, des diverses oppositions dont *l'union
subite* a fini par former un *total inattendu* et qui a ré-
veillé l'opinion en France. On ne le lui fait pas dire,
à ce bon M. Sainte-Beuve. Il le dit lui-même naïve-
ment, comme il l'a observé, avec un grand désinté-
ressement personnel; car, pour son compte, il n'a pas,
il n'a jamais eu à se plaindre, il a, au contraire, il le
déclare, trouvé partout la plus grande bienveillance,
et il n'y a pas d'homme qui soit plus facilement admis
à manger dans la main de tout le monde, des con-
servants et des opposants, aux Tuileries et au Palais-
Royal. Il va chez les journaux républicains en manteau
de sénateur; il y est reçu comme un prince, et il a
étudié l'opposition comme un fin observateur qu'il
est, plein d'une bonne foi parfaite et scrupuleux jusqu'à la naïveté. Or, ce n'est pas à lui, comme on voit,
que le libéralisme de l'Académie, du quartier latin et

des estaminets politiques et littéraires du quartier Montmartre, ferait accroire que dans le beau feu dont il est animé pour l'humanité en général, et en particulier pour la Pologne, il y ait sérieusement autre chose que des rancunes de gens d'esprit *évincés, déchus et tournés à l'aigre*, la vanité de quelques cuistres universitaires dont la plume venge, sous le prétexte de l'honneur national et de la liberté de la patrie, les négligences et les refus de quelques ministres à l'égard de leurs illustres personnes. Mettons-y les traditions des « escholiers, » tapageuses et immortelles depuis Philippe-Auguste, les envies faméliques de la race de ces *escrivailleurs* que, de son temps déjà, Montaigne voulait qu'on pendît pour l'honneur des belles-lettres, et voilà le personnel d'opposition tel que le démontre M. Sainte-Beuve, qui est un grand libéral, comme on sait, non moins populaire parmi les goujats que chez les grands seigneurs du libéralisme, depuis qu'il mange du saucisson le vendredi-saint ! (Surtout, monsieur, n'allez pas dire que je vous appelle *saucisson !*) Voilà (nul autre n'aurait su le dire en ce beau style), voilà comment « du mépris de toutes ces fractions d'abord isolées entre elles et de leur addition ensuite, de leur union qui s'est trouvée faite un jour, voilà comment il est sorti un total inattendu ; voilà comment l'opinion s'est réveillée ! »

Croyez-vous, monsieur, que tel soit réellement le bilan des véritables forces de l'opposition ? Croyez-vous que, conformément à une loi historique bien établie, un si grand effet soit sorti de causes semblables ? Moi, j'en suis convaincu, monsieur, je suis de l'avis de ce libéral qui s'y connaît, et l'on m'a entendu exprimer ici cent fois cette opinion, avant qu'il eût pris la peine de la formuler de la façon qui lui est particulière. Or, voici maintenant comment ces judicieuses observations de M. Sainte-Beuve nous ramènent à la question de la Décentralisation.

Il remarque que toutes ces causes proviennent uniquement de Paris. C'est en se concentrant sur ce point qu'elles acquièrent la faculté de se grouper, de s'additionner, de former l'union d'où sort un matin ce *total inattendu* (jolie expression) qui finit par contraindre le gouvernement à compter avec un produit si infime et si méprisable, décoré par M. Sainte-Beuve du nom d'opinion publique ! Moi, je cherche dans tout cela la province, les moyens qu'elle a de faire prévaloir ses sentiments et ses opinions à elle ; je cherche les occasions qu'elle a d'affirmer, en face de ces influences malsaines et humiliantes, ses saines et vaillantes aspirations au travail, à la concorde, à la paix publique ; je cherche dans son sein des conseils dont la voix puisse se faire entendre, des forces qui puissent de leur côté avoir la même faculté de « s'additionner, » de « s'unir, » de faire « leur total, » de montrer aussi leur réveil et de se défendre contre les envahissements de cette opinion factice dont « les courants cachés, persistants, » toujours selon le langage de M. Sainte-Beuve, ont pu maîtriser ainsi peu à peu le pouvoir lui-même ; et qui sait où cela peut s'arrêter si l'on n'y met ordre !

Voilà, monsieur, où je vois, comme j'ai eu l'honneur de vous le dire dès le début, un des arguments les plus éloquents et les plus concluants que j'aie encore rencontrés en faveur de la Décentralisation. Je ne doute pas que, porté comme vous l'êtes vers les hautes études de la politique, tous ces points de vue ne vous inspirent un vif intérêt, et que vous ne nous donniez à ce sujet les lumières qu'on doit attendre d'un esprit comme le vôtre, formé par l'expérience, par l'étude, et même par le métier de législateur aux plus hautes spéculations de la politique et de la philosophie.

Recevez, monsieur, l'expression de ma considération la plus distinguée.

ULYSSE PIC.

(*Le Charentais*, 8 septembre 1869.)

Après M. Giscard, voilà M. Ulysse Pic qui vient à la rescousse pour me convier à « une discussion dégagée de toute personnalité, féconde et plus que jamais opportune, » dit-il, sur les changements d'opinion. L'article est écrit d'un tout autre ton que celui de M. Giscard; il a tout à la fois des intentions d'aménité et des prétentions au persiflage que je ne saurais méconnaître; il serait fait pour m'exciter à répondre, si M. Pic n'avait pas pris la peine d'établir lui-même que toute discussion de principe est impossible entre nous, en rappelant que nous nous sommes rencontrés autrefois à la *Feuille du Peuple.*

La *Feuille du Peuple* était un journal républicain, où nous écrivions il y a vingt ans l'un et l'autre, où tout le monde était républicain : les uns républicains *modérés,* comme on disait alors, j'étais du nombre ; les autres républicains *rouges-socialistes,* c'était, si je me souviens bien, la nuance de M. Pic.

Au coup d'État, la *Feuille du Peuple* fut supprimée; ses rédacteurs furent traqués, emprisonnés, exilés, et moi-même arrêté nuitamment sous l'inculpation de *complot contre la sûreté de la République.* Je vis pendant quinze jours ma maison fouillée de rez en cime, mes papiers bouleversés, mes correspondances lues et analysées, et si je ne suis pas allé mourir à Cayenne, je le dois à l'honnêteté du magistrat instructeur qui dit dans son rapport que mes écrits, ma correspondance, mes interrogatoires et les témoignages des hommes les plus considérables de ma ville natale, attestaient la sincérité et la modération de mes opinions républicaines. M. Maréchal (c'était le nom de cet honnête magistrat) concluait à ma mise en liberté. Elle eut lieu en effet, et je fus sauvé.

Je me rappelle que l'un des principaux griefs invoqués contre moi c'était d'avoir écrit à la *Feuille du Peuple*, et les pièces saisies à mon domicile furent précisément quelques numéros de ce journal (dans lesquels M. Pic avait peut-être écrit), ainsi que les lettres du directeur de cette feuille.

J'avoue, à la honte de mon mauvais caractère, que ce premier procédé du pouvoir personnel n'eut pas le don de me convertir. Depuis lors, l'étude et la méditation, au milieu des splendeurs de l'Empire, n'ont fait que me réconforter et m'affermir dans les opinions de ma jeunesse, à tel point que je mourrai dans l'impénitence finale, n'en déplaise au *Charentais*.

Pendant que les rédacteurs de la *Feuille du Peuple* étaient traqués de la sorte et que notre chef Ferdinand Flocon partait pour l'exil, où il est mort dans la misère sans renier ses opinions républicaines, M. Ulysse Pic, illuminé sur je ne sais quel chemin de Damas, passait à l'Empire avec armes et bagages.

M. Pic s'est vanté mainte fois de sa conversion : je n'ai ni le droit ni le désir d'en suspecter la sincérité ; — je m'applaudis d'être resté fidèle à mes convictions ; il m'accordera, j'espère, que ma persévérance est au moins loyale. Dans ces termes, nous discuterions éternellement sans pouvoir nous entendre et nous convaincre. Je retourne donc à mes *broussailles*.

L. Babaud-Laribière.

(*Lettres charentaises*, 16 septembre 1869.)

A M. A. NADAUD.

Nazelles-Clérac, 16 septembre 1869.

MON CHER AMI,

Il est midi.

Je reçois à la campagne le journal de M. Babaud, et j'y lis un article qui me concerne. Je n'ai pas matériellement le temps d'y répondre ; cependant il est des choses sur lesquelles un homme d'honneur ne saurait dormir. Arrêtez, s'il le faut, le tirage du journal. Voici deux mots indispensables d'ici à demain. Demain, je m'expliquerai plus complétement.

M. Babaud, fidèle à ses procédés habituels, substitue des personnalités à la discussion que je lui avais offerte. Il n'est point brutal, je le reconnais ; il est au contraire doux et luisant de peau comme une vipère.

Son article est clair.

Il me prend à partie ; il établit :

Que j'étais avec lui un des collaborateurs de la *Feuille du Peuple,* du temps de Flocon ;

Qu'au coup d'État, lui, Babaud, fut inquiété, fouillé en son domicile, « de rez en cime ; »

Que les rédacteurs de la *Feuille du Peuple* furent traqués ;

Que Flocon partit pour l'exil, où il est mort,

PENDANT QUE

M. Ulysse Pic, illuminé sur un chemin de Damas quelconque, désertant, trahissant ses amis, *passait à l'Em-pire avec armes et bagages.*

Qu'on veuille bien m'excuser : il est midi, je n'ai pas le temps de chercher des périphrases, et je suis obligé de répondre purement et simplement à M. Ba-baud,

Qu'il en a menti.

D'abord, *je le défie formellement de citer une ligne écrite par moi* à la *Feuille du Peuple*. Demain, j'expliquerai ce que j'y faisais.

Lorsque le coup d'État survint, et que les rédacteurs de la *Feuille du Peuple* furent mis en cause, comme les rédacteurs de la plupart des feuilles démagogiques, j'étais, moi, Ulysse Pic, hors de France depuis 1849.

Depuis deux ans, j'avais pris, moi le *premier,* la route de l'exil. Depuis deux ans, me dérobant à une condamnation prononcée contre ma personne pour délit de presse, je mangeais ce que M. Bancel appelle *le pain amer de l'étranger.*

Moi, j'étais exilé, M. Babaud a *failli l'être.* Ceci est une nouvelle catégorie de démocrates ; il y avait ceux qui ont souffert, M. Babaud découvre ceux qui *ont failli* souffrir. On visita sa maison, mais finalement il en sortit les braies nettes. Un honnête juge, nommé Maréchal, le laissa tranquillement chez lui, et, en fin de compte, pendant qu'on traquait ses confrères de la *Feuille du Peuple,* pendant que son rédacteur en chef Flocon partait pour l'exil, où il est mort, le citoyen Babaud restait paisiblement chez lui, grâce au bon M. Maréchal. Il resta chez lui, à table, les pieds dans ses pantoufles, et moi, qu'il a le front de repré-senter comme *passant à l'Empire avec armes et bagages,* en ce moment même, j'étais sur quelque chemin de l'Allemagne, proscrit, gagnant ma vie de mes leçons.

Attendez, je vous prie : Où était M. Babaud six mois après le coup d'État ? Il soignait sa santé à Villechaise, toujours sous la protection des juges d'instruction si gracieux pour sa personne ; et vous remarquerez comme il est toujours traité *gracieusement* par les préfets, par les juges et par la police. M. Babaud, dis-je, soignait sa santé si précieuse à M. Maréchal, et moi, mon cher ami, je quittais l'étranger, je me rendais à Versailles pour purger ma contumace, et mon M. Maréchal à moi m'envoyait prisonnier à la Conciergerie, où je passais six mois. Je ne dis pas que je *faillis*, notez bien cela, je passai six mois d'hiver sous les verrous, et j'en ai rapporté quelques rhumatismes. M. Babaud en a aussi, je crois, mais les siens ne sont pas politiques.

Voilà ce que je dois répondre aujourd'hui même à un article artificieux où, suivant des procédés de la même nature que ceux que j'ai déjà signalés dans sa polémique, il brouille les faits, falsifie les situations, esquive les dates et s'attribue tout simplement mon rôle pour me faire jouer le sien.

Demain, j'aurai l'honneur d'en causer ici avec luimême.

Votre bien dévoué,

ULYSSE PIC.

(*Le Charentais*, 16 septembre 1869.)

A M. BABAUD-LARIBIÈRE.

Nazelles-Clérac, 16 septembre 1869.

Monsieur,

J'ai décrit ici même, avant-hier, les principaux caractères du journalisme de Paris; j'ai dit aussi quelques mots du journalisme provincial. Celui-ci est plus difficile, et pour échapper aux conditions mêmes de son infériorité relative, il est nécessaire qu'il soit entre des mains très fortes et très honnêtes. Plus ces conditions sont étroites et plus le journal a besoin de se relever par la supériorité du talent et de la tenue. Sans cela, rapetissé par sa situation, il se fait peu à peu à sa petitesse; il n'est plus un journal, il est un tripotage, un cancan, un canard de village, et son niveau intellectuel prend peu à peu celui du cabaret du coin.

Ces réflexions, monsieur, me sont inspirées par la lecture du journal que vous venez de produire après quinze jours d'incubation.

J'ai eu l'honneur de vous offrir une discussion sérieuse sur des faits que vous aviez vous-même choisis; je me suis appliqué à y mettre les formes les plus polies, j'ai même poussé, je crois, la galanterie jusqu'à vous traiter en homme d'esprit.

Or, à quoi répondez-vous, je vous prie ?

Des divers points de la discussion que vous avez provoquée vous-même, quel est celui que vous avez éclairci ? L'affaire du sous-préfet de Confolens; vos diatribes contre le *Charentais;* les questions précises qu'on vous a adressées à ce sujet; les erreurs matérielles sur lesquelles on a appelé votre bonne foi; les procédés de polémique qu'on a relevés sous votre

plume ; les thèses politiques et philosophiques sur lesquelles on vous a proposé de vous suivre ; le discours
de M. Sainte-Beuve, sujet pressant et piquant s'il en
fut, offert à vos réflexions, que faites-vous de tout
cela, monsieur ? A quel public croyez-vous parler ? De
quelle espèce de lecteurs recherchez-vous les suffrages ?
Pensez-vous que tout autre que Garguille et Pierrot
de votre commune puisse se tenir pour satisfait, et
est-ce là sérieusement tout l'esprit dont vous êtes capable ? Tout le monde avait remarqué avec quel soin
j'évitais d'user de mes avantages en tenant votre personne à l'écart, et certes je ne pensais pas pouvoir vous
prouver plus délicatement mon désir de vous ménager.
Êtes-vous raisonnable de tirer toujours la discussion
du côté des personnalités ? Mais vous le voulez, monsieur, vous le voulez absolument et obstinément. Soit.
Si je déteste ce terrain, je ne le crains pas ; il ne faut
point qu'un journaliste puisse être accusé d'en refuser
aucun. Allons-y donc, monsieur, allons-y même gaic-
ment, comme on dit à Paris.

Je m'étais effacé, vous me mettez en cause, et non
pas même pour discuter, mais pour opposer une fin
de non-recevoir à toute discussion. Cette fin de non-
recevoir proviendrait de ce que nous étions, selon
vous, collaborateurs à la *Feuille du Peuple,* il y a vingt
ans. Vous y brilliez comme partout du plus vif éclat,
par votre modération et par vos vertus. Survint le
2 décembre : vous fûtes traqué et visité ainsi que les
autres rédacteurs, pendant que moi, Ulysse Pic, j'es-
quivais le coup d'État « en passant de son côté avec
armes et bagages. »

Tel est, monsieur, l'honnête récit d'où vous tirez la
conclusion que toute discussion entre nous est impossible et que nous ne pourrions évidemment nous

mettre d'accord. Je vous ferai observer, en passant, qu'il s'agit de donner nos raisons au public et non pas de nous mettre d'accord. Mais auparavant, vidons la fin de non-recevoir. Je vous ai donné hier un démenti absolu. Je vous ai défié d'abord de citer un seul mot écrit par moi dans la *Feuille du Peuple,* et je vous renouvelle ce défi. Mon rôle dans ce journal se borna pendant un mois à assister Flocon qui était fatigué et souffreteux. Je lui rendais ce service avec mon ami Laissac, ancien procureur général à Montpellier, membre de l'Asemblée législative. C'était un écrivain très fin et très judicieux qui écrivait dans la *Feuille,* sous divers pseudonymes, des articles pleins de verve et d'esprit. Nous revoyions ensemble les manuscrits adressés à Flocon, et j'opinais quelquefois pour que les vôtres fussent mis au panier. Laissac vous trouvait mou, incolore et cauteleux, et il vous appelait en riant « un avocat de village. » En dehors de ces soins obligeants, mes occupations personnelles étaient ailleurs. Je fus mêlé, sur ces entrefaites, à un procès pour délit de presse qui n'avait rien de commun avec la *Feuille du Peuple.* Très peu confiant dans la justice de la République, très las des républicains, très déçu, très embarrassé de moi-même, très désorienté, au milieu des voies obscures et sanglantes qui s'ouvraient de toutes parts, je saisis avec empressement ce prétexte pour tirer ma révérence au gâchis, passer à l'étranger et renoncer momentanément à la politique.

Là, je méditai à loisir sur ces paroles de Socrate à Alcibiade : « Jeune homme, tu as eu tort de te jeter dans la politique à ton âge, avant d'avoir appris à connaître le juste et l'honnête d'où dépend le sort des États. » J'entrais dans la période de la matûrité, et ressaisissant ma raison, mon cœur, ma conscience, pur de toute haine, rejetant avec mépris les suggestions des ressentiments personnels, à portée d'observer les hommes et les choses à distance, sans être aveuglé par la flamme et par la fumée du combat, je fixai, avec autant de certitude qu'il y en puisse avoir en cette matière, mes croyances politiques. Il y a vingt ans de cela. Depuis cette époque, maître de moi-même, vierge de tout collier et de tout serment, fier par-dessus tout de mon indépendance, en homme à qui personne, ni République ni Empire, ne mit jamais un galon sur l'échine, ni un écu dans la main, je choisis où il me plaît mon rang et ma place, toujours prêt à donner à qui me la demande la raison de mes déterminations.

C'était en 1849. Oncques on ne me vit en France jusqu'en 1852, et mon temps s'écoula en voyages en Belgique, en Hollande, en Allemagne, où je faisais des conférences sur l'histoire, la littérature et les beaux-arts.

J'étais donc absent depuis près de deux ans quand survint le coup d'État. Par conséquent, monsieur, lorsque vous donnez à entendre que je passai « avec armes et bagages à l'Empire, » pendant que les rédacteurs de la *Feuille du Peuple* étaient l'objet des rigueurs de la police, vous articulez un fait absolument faux, vous créez, pour en tirer des insinuations odieuses, une simultanéité qui n'a pas existé, vous fabriquez une calomnie; enfin, je vous ai dit hier, je crois, que vous « en aviez menti. » J'étais pressé, monsieur, je n'avais pas le temps de chercher des périphrases, et j'avoue que le mot est dur. Cependant il n'est pas sans précédent. On en a d'illustres exemples; tout le monde connaît le *mentiris impudentissimè* de Pascal. Vous voyez que je ne marche jamais sans mes classiques.

Toutefois, il ne faut pas que cette expression puisse vous être un prétexte pour éluder une fois de plus la conversation, et je la retire, monsieur, je la retire avec empressement, à moins qu'il ne vous convienne de la garder. On garde quelquefois ces mots-là, mais alors ce n'est pas pour reculer. Quoi qu'il en soit, je m'empresse d'admettre que vous avez simplement commis une méprise, et je vous prie de vouloir bien me faire l'honneur de la rectifier dans votre journal.

Voilà pour ce qui me concerne, et je prie instamment le lecteur de m'excuser. On voit quelle contrainte impitoyable me prend à la gorge et me met en scène malgré moi. Maintenant, monsieur, venons à vous, ce qui est pour le public un sujet bien autrement intéressant.

Vous nous contez votre aventure de 1851. Je la connaissais, monsieur, j'en connais bien d'autres, je les connais toutes. On vint fouiller chez vous après le coup d'Etat. Mon Dieu ! ces visites-là sont fort désagréables, cependant pas pour tout le monde. La visite domiciliaire en pareil cas est pour certains une bonne note, une recommandation qui fait des jaloux. Le député Carbonneau, de la gauche, après le 2 décembre, était désolé qu'on ne fût pas venu visiter son appartement. Il craignait que cela ne le mît en suspicion auprès du parti.

— « Comment diable, lui disais-je plus tard, n'alla-t-on pas chez vous le 2 décembre? On alla bien chez Babaud ! »

— « Oh ! Babaud, me dit-il, c'est autre chose. Babaud avait des protections ! »

Il est de fait qu'avec vous, monsieur, tout se passe *gracieusement*. Les magistrats de 1851 n'avaient pas, dit-on, le cœur tendre, et cependant, par une exception aussi flatteuse que touchante, vous inspirâtes tout de suite le plus vif intérêt à votre juge d'instruction. Comme il vit tout de suite qu'il avait affaire en vous à un de ces républicains dont les coups d'État ne doivent point s'alarmer! Comme vous sûtes lui montrer, n'est-il pas vrai, la différence de votre honnête personne avec vos confrères, les scélérats! Comme vous lui en donnâtes de sûres preuves! Comme il distingua promptement votre utilité et vos mérites! Aussi, tandis qu'ils prenaient le chemin de l'exil, le bon M. Maréchal vous renvoyait sous les ombrages fleuris de Villechaise. Ah! il faut pardonner à notre ami Flocon, monsieur. Je le vis à Lausanne dans un de mes voyages, et je ne pus jamais parvenir à lui mettre dans l'esprit que les attentions de la police à votre égard furent simplement l'effet de vos séductions naturelles. Le malheur aigrit; il rend soupçonneux.

Vous nous avez dit, dans votre réponse à M. Giscard, « qu'il n'eût tenu qu'à vous de tendre le dos à des places et à des galons. » On n'a peut-être pas bien compris; mais moi, monsieur, qui suis dans beaucoup de secrets, j'ai compris à merveille. Je sais que le gouvernement du 2 décembre, qui appréciait tous les services que vous êtes capable de rendre, était très désireux de vous utiliser. Vos précédents encore tout chauds, votre attitude bien connue, vos relations, votre rôle dans la journée du 15 mai, ne permettaient pas qu'on vous pût affubler sitôt d'une position politique, et puis ce n'est pas dans cet ordre d'emplois qu'on vous sentait une véritable utilité. Quelqu'un songeait pour vous à une bonne place dans les octrois de Paris. Elle en valait la peine : quatre mille francs d'appointement, un bel habit, avec épée au côté, pour les cérémonies. Vous refusâtes noblement, je le sais. J'atteste

monsieur, que si votre âme avait été capable d'une
corruption pareille, il n'aurait tenu qu'à vous qu'on
vous mît sur le dos trois ou quatre aunes de galon
vert. Mais vous vous estimiez avec raison à un plus
haut prix. Votre modestie s'est toujours tenue dans
des allusions délicates à ce sujet, et il est juste que
ce trait soit enfin connu, qu'il vous fasse l'honneur
qu'on vous doit, et même qu'on n'ignore pas combien
la seule pensée de ce galon vert met d'aigreur, aujourd'hui encore, dans votre ressentiment. Fi donc!
Un homme qui avait porté les broderies de préfet
de la République! Les gouvernements font parfois
de ces bévues. Ils offriront volontiers à un homme un
galon visible qui l'enchaînerait en le compromettant,
et ils refuseront telle faveur discrète qui l'attacherait
sans le compromettre.

Maintenant, si vous le permettez, nous en resterons
là pour aujourd'hui, monsieur. J'attendrai, pour con-
tinuer, le résultat de ce premier entretien. Votre premier numéro, n'est-il pas vrai, me le fera connaître?
Ce sont bien là les personnalités où vous vouliez absolument m'entraîner, et vous voilà, j'imagine, comme
le poisson dans l'eau. Au revoir, cher monsieur!
Quand nous aurons épuisé les questions de personnes
au point de vue de la moralité politique, nous les
reprendrons au point de vue de la moralité privée,
si vous pensez être plus à l'aise sur ce terrain. L'une
et l'autre ne se séparent point. A quelque parti qu'il
appartienne, l'honnête homme digne d'estime et de
respect est celui-là seul qui peut donner sa moralité
privée comme caution de sa moralité publique.

Ulysse Pic.

(*Le Charentais*, 17 septembre 1869.)

J'ai dit que ma divergence absolue d'opinions avec M. Pic et ses procédés de discussion rendaient toute polémique entre nous impossible. Je persiste d'autant plus dans cette attitude, que c'est l'avis unanime de mes amis politiques.

Quant au démenti que M. Pic m'a adressé brutalement pour avoir dit qu'il avait écrit à la *Feuille du Peuple*, je pourrais le lui retourner pour sa grotesque histoire d'une fonction qui m'aurait été offerte, dit-il, après le coup d'État, dans l'octroi de Paris. Tous ceux qui me connaissent savent que je suis au-dessus de pareilles imputations. M. Pic raconte que s'il n'écrivait pas à la *Feuille du Peuple*, il assistait Flocon dans la direction de ce journal : je laisse au public à décider si ce que j'ai dit à ce sujet peut être pris pour une injure.

L. Babaud-Laribière.

(*Lettres charentaises*, 23 septembre 1869.)

Nazelles-Clérac, 23 septembre 1869.

Je crains, monsieur, qu'on ne trouve que vous ne savez même pas fuir ; mais c'est là votre affaire et non la mienne.

Vous vous défendez d'avoir voulu me faire injure. Il suffit.

Passez votre chemin, et n'oubliez jamais que vous avez failli m'offenser.

Ulysse Pic.

(*Le Charentais*, 23 septembre 1869.)

FAURE, ÉDITEUR, PARIS, RUE DE RIVOLI, 166.

LETTRES GAULOISES

PAR

ULYSSE PIC.

1 VOLUME IN-8° DE 300 PAGES. — PRIX : 3 FR.

EXTRAITS DES COMPTES-RENDUS :

Les *Lettres Gauloises* forment une série d'études satiriques, de pamphlets vifs et étincelants, dont un petit nombre parurent pour la première fois dans un journal en 1864, et furent très remarqués. Aucun livre, depuis vingt-cinq ans, n'a fait plus de sensation dans le monde littéraire et dans le monde politique. Les sottises qu'il fustige, les vanités qu'il éclabousse, surtout dans les rangs les plus élevés du journalisme contemporain, essaient vainement de le décrier par l'injure ou de l'étouffer par le silence ; il se rencontre toujours des esprits indépendants auxquels l'intérêt de la vérité parle plus haut que l'intérêt des coteries, et ceux-là se sont chargés de signaler aux amis des belles-lettres une œuvre qui fait revivre, au milieu de la décadence littéraire de notre temps, la verve brillante et la langue incisive de nos plus grands pamphlétaires. Il y a quelques années déjà, M. de Lamartine, dans la *Presse*, signala dans un discours de l'auteur des *Lettres Gauloises*, qui est demeuré inédit, « la forme, la verve, l'âpreté mordante et l'éloquence classique de Camille Desmoulins. » M. Prévost-Paradol, dans le *Courrier du Dimanche*, l'appelait un écrivain « origi-« nal et hardi, qui ne reculait devant aucun argument ni devant « aucune parole. » « Je préférais de beaucoup M. Ulysse Pic, « disait ce juge si délicat et si compétent, à toute la cohorte dont « il est entouré. Je voyais en lui un autre M. Granier de Cassa-« gnac, plus varié que son célèbre devancier, plus spirituel, plus

« hardi, même dans ses images familières, et en même temps
« moins amer, sans doute parce qu'il a éprouvé moins de décep-
« tions et connu de moins près l'ingratitude des hommes. »

LEBRUN.

(*Courrier*, 31 septembre 1864.)

Voici quelques extraits des jugements dont les *Lettres Gauloises* ont été l'objet; ils ne démentent point ces éloges :

On pourra diversement apprécier cet ouvrage, mais il faut bien convenir qu'il n'est pas banal. On ne partagera pas toujours, pas souvent, les idées de l'auteur, mais on doit reconnaître qu'il a une façon de les exprimer qui n'appartient qu'à lui. Il éclaire d'une lumineuse saillie les questions les plus ternes. Il tranche d'un trait inattendu les thèses les plus embrouillées. Il déride malgré eux les gens mêmes qu'il irrite.

PAUL BOSCQ.

(*L'Époque*, 21 juin 1865)

J'ai pris le volume que m'avait envoyé M. Amédée Faure, avec une sorte de mauvaise humeur. Je me suis mis à le parcourir sans couper les pages. Au bout de dix minutes je prenais le couteau à papier. Il était minuit. A huit heures du matin j'avais lu le livre deux fois... Qu'est-ce donc que ce livre? Oh! mon Dieu, un recueil d'articles tout bonnement, mais d'articles admirables. C'est net, c'est vif, c'est français. *Depuis Courier on n'avait pas parlé une pareille langue !...* Quel talent ! *Je suis furieux !*

TONY RÉVILLON (MAX DE CHAINTRÉ.)

(*Nain Jaune*, juin 1865.)

Voici sur M. Ulysse Pic, considéré comme polémiste, l'appréciation de M. Alfred Assolant, qui est lui-même un des écrivains les plus fins, les plus mordants et surtout les plus littéraires du journalisme contemporain :

Dans la polémique même, quelque grande que soit sa réputation, M. Veuillot n'est pas sans rivaux, M. Ulysse Pic est au moins de sa force, et si le combat venait à s'engager entre eux, je

ne parierais pas pour M. Veuillot.... C'est le même talent, avec
plus de jeunesse, de politesse et de grâce.

M. Ulysse Pic vient de réunir, sous le titre de *Lettres Gauloises*,
une série d'articles fort vifs ayant trait aux choses de ce temps.
Cet ouvrage indique un écrivain de race, et Paul-Louis Courier
a laissé quelque chose de sa grâce maligne à ce spirituel ennemi
des sottises contemporaines.

FRANCIS MAGNARD.

(Grand Journal.)

Nous ne sommes pas surpris du succès des *Lettres Gauloises*. Les
révolutions ont beau passer sur nous ; l'esprit qui se *gaussait* dans
Rabelais, dans Montaigne, dans la *Satire Ménippée*, des gens les
plus huppés et des choses les plus ennuyeusement sérieuses,
tient bon.... Que le lecteur qui veut rire, s'amuser et s'instruire,
se rassure : l'auteur n'éreinte nullement ; il rit, il plaisante, mais
il reconnaît le talent et respecte l'honnêteté, même dans ceux dont
il a eu le plus à se plaindre. Ici, ce n'est pas le rire effrayant, le
rictus d'un Méphistophélès, c'est le visage épanoui du curé de
Meudon sous la plantureuse treille du pays Tourangeau. Ce n'est
pas l'âcre gaieté de Swift, c'est la verve spirituelle d'un excellent
railleur, devant des prétentions exorbitantes et des vertus d'em-
prunt ; c'est une main exercée qui ôte les masques sans souffleter
les figures.

LOUIS MÉRY,

Professeur de littérature à la Faculté d'Aix.

Notre collaborateur, M. Jules Claretie, a fait en quelques lignes
une rigoureuse critique des *Lettres Gauloises*.... M. Ulysse Pic a
un talent qu'on peut détester, mais qu'il faut reconnaître quand
on est homme de goût.

ALPHONSE DUCHESNE.

(Figaro, juillet 1865.)

Notre cousin le *Figaro* s'est montré fort dur envers les *Lettres
Gauloises ;* je parie mille francs contre mille sous que le jour où
M. de Villemessant les aura lues il en raffolera. Quant à M. B.
Jouvin, il aime trop le talent de M. Louis Veuillot pour ne pas
aimer beaucoup le style de M. Ulysse Pic.

ALBÉRIC SECOND.

(Grand Journal, 2 juillet 1865.)

Nous reproduisons l'opinion qu'a exprimée sur M. Ulysse Pic
un poète qui, assurément, est un juste appréciateur des choses
de l'esprit. Voici ce qu'écrivait tout récemment Méry à son frère,
professeur de littérature à la Faculté d'Aix :

(Figaro, juillet 1865.)

« Il est passé maître en ce genre, cet écrivain, et tout ce que tu
as écrit sur son talent si original et si élevé a trouvé de l'écho
chez moi. La satire, comme la traite Ulysse Pic, survit toujours
à la circonstance et prend son rang parmi les modèles ; car elle
est revêtue de cette forme superbe qui ne vieillit jamais. On ad-
mire encore le style de Courier et la *Némésis* de Barthélemy, et le
lecteur serait souvent embarrassé de donner son opinion sur tant
de personnages illustrés par ces grands satiriques et oubliés ou
inconnus aujourd'hui. Les *Lettres Gauloises* complètent la trinité
en prose avec le *Soldat vigneron* de 1828 et le *Timon* de 1845.
« La forme emportera le fond vers la postérité.

« Méry. »

Paris, 10 juillet 1865.

Deux éditions des *Lettres Gauloises* sont épuisées.
L'auteur en prépare une troisième pour le commen-
cement de l'année 1870. Elle sera augmentée d'un
grand nombre d'opuscules nouveaux.

Angoulême. — Imprimerie Charentaise de A. Nadaud et C⁵,
rempart Desaix, 26.